This book belongs to:

 is for...

Apple

a a a a a a a

a a a a a a a

a

a

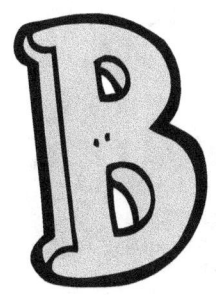 is for...

B B B B B B B

B B B B B B B

B

B

Boat

b b b b b b b

b b b b b b b

b

b

 is for...

Cat

C C C C C C C C

c c c c c c c c

C

c

 is for...

Dog

E is for...

Egg

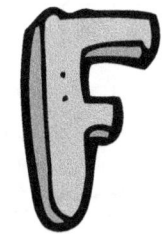 is for...

Frog

f f f f f f f

f f f f f f f

f

f

 is for...

Goat

g g g g g g g

g g g g g g g

g

g

H is for...

Hotel

h h h h h h h h

h h h h h h h h

h

h

I is for...

Island

J is for...

Juice

j j j j j j j j j j j

j j j j j j j j j j j

j

j

K is for...

K K K K K K K

K K K K K K K

K

K

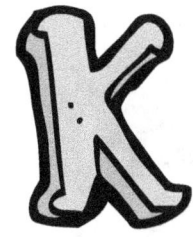

King

k k k k k k k k

k k k k k k k k

k

k

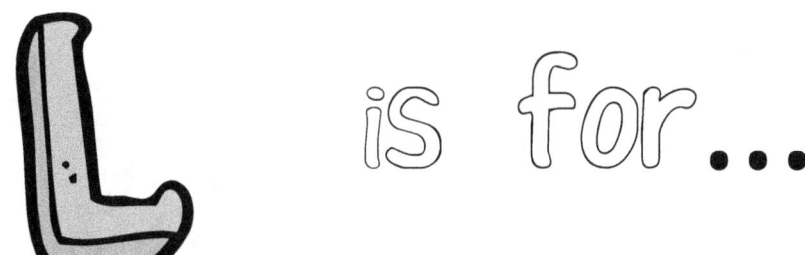 is for...

Lion

 is for...

Mouse

m m m m m m m

m m m m m m m

m

m

 is for...

Night

n n n n n n n n n

n n n n n n n n n

n

n

 is for...

Owl

 is for...

Pig

p p p p p p p

p p p p p p p

p

p

 **is for...**

Queen

q q q q q q q

q q q q q q q

q

q

 is for...

R R R R R R

R R R R R R

R

R

Rabbit

r r r r r r r r

r r r r r r r r

r

r

S is for...

S S S S S S S

S S S S S S S

S

S

Shark

S S S S S S S S

S S S S S S S S

S

S

 is for...

Tiger

 is for...

Umbrella

U U U U U U U U

U U U U U U U U

U

U

 is for...

Violin

V V V V V V V V V

v v v v v v v v v

V

v

 is for...

Water

w w w w w w

w w w w w w

w

w

 is for...

X-Ray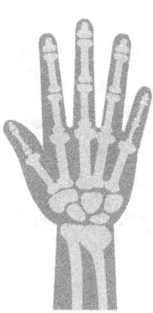

 is for...

Yellow

Y Y Y Y Y Y Y Y

Y Y Y Y Y Y Y Y

y

y

Z is for...

Zebra

Z Z Z Z Z Z Z Z

Z Z Z Z Z Z Z Z

Z

Z

SIGHT WORDS PRACTICE

SIGHT WORDS

a

SIGHT WORDS
and

SIGHT WORDS
away

away away

away away

away

away

SIGHT WORDS
big

big big big big

big big big big

big

big

SIGHT WORDS
blue

blue blue blue

blue blue blue

blue

blue

SIGHT WORDS

can

SIGHT WORDS

come

come come

come come

come

come

SIGHT WORDS
down

down down

down down

down

down

SIGHT WORDS
find

SIGHT WORDS
for

SIGHT WORDS

funny

funny funny

funny funny

funny

funny

SIGHT WORDS

go

go go go go go

go go go go go

go

go

SIGHT WORDS
help

SIGHT WORDS
here

here here here

here here here

here

here

SIGHT WORDS

i

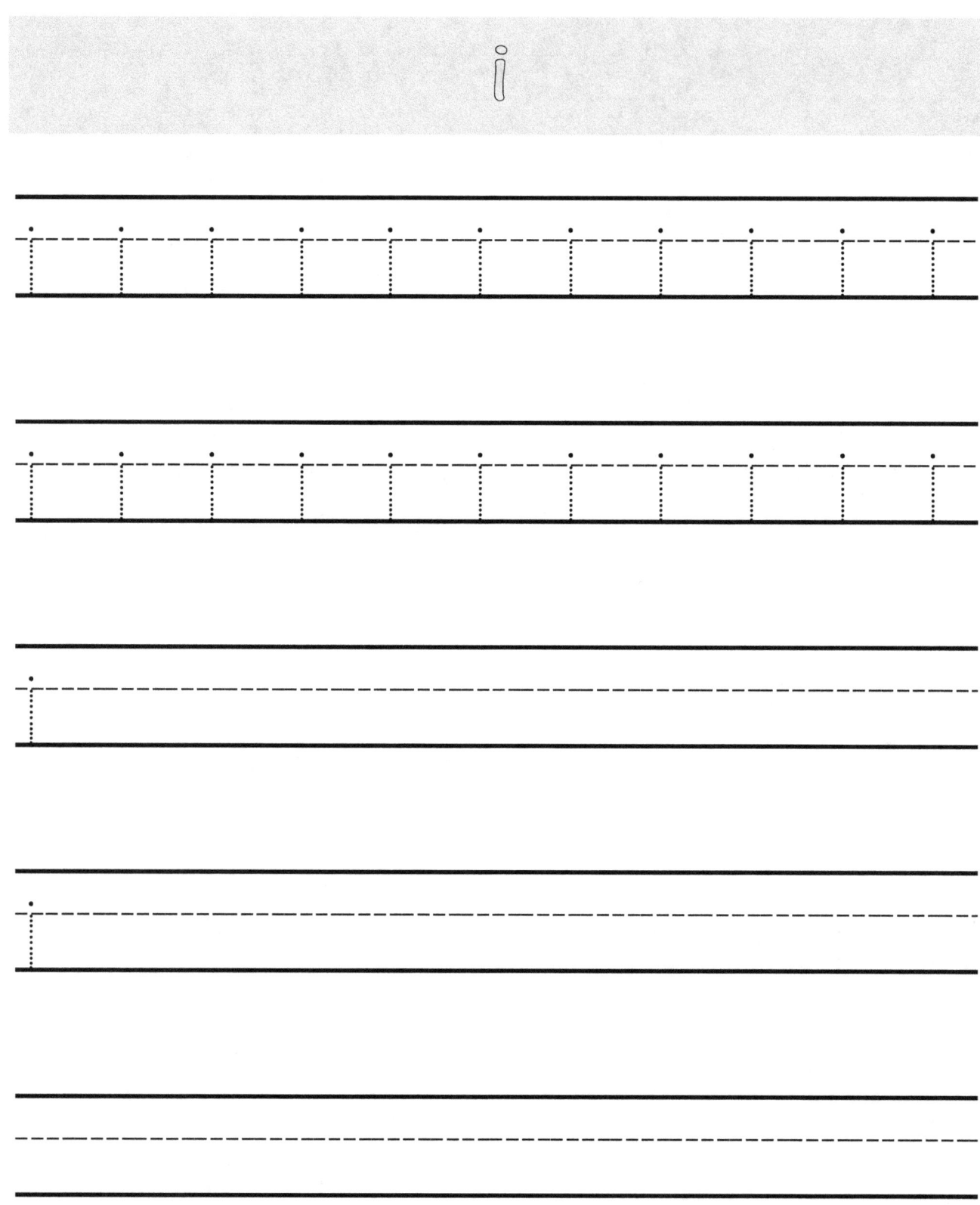

SIGHT WORDS

in

in   in   in   in   in   in

in   in   in   in   in   in

in

in

SIGHT WORDS

is

is is is is is is

is is is is is is

is

is

SIGHT WORDS

it

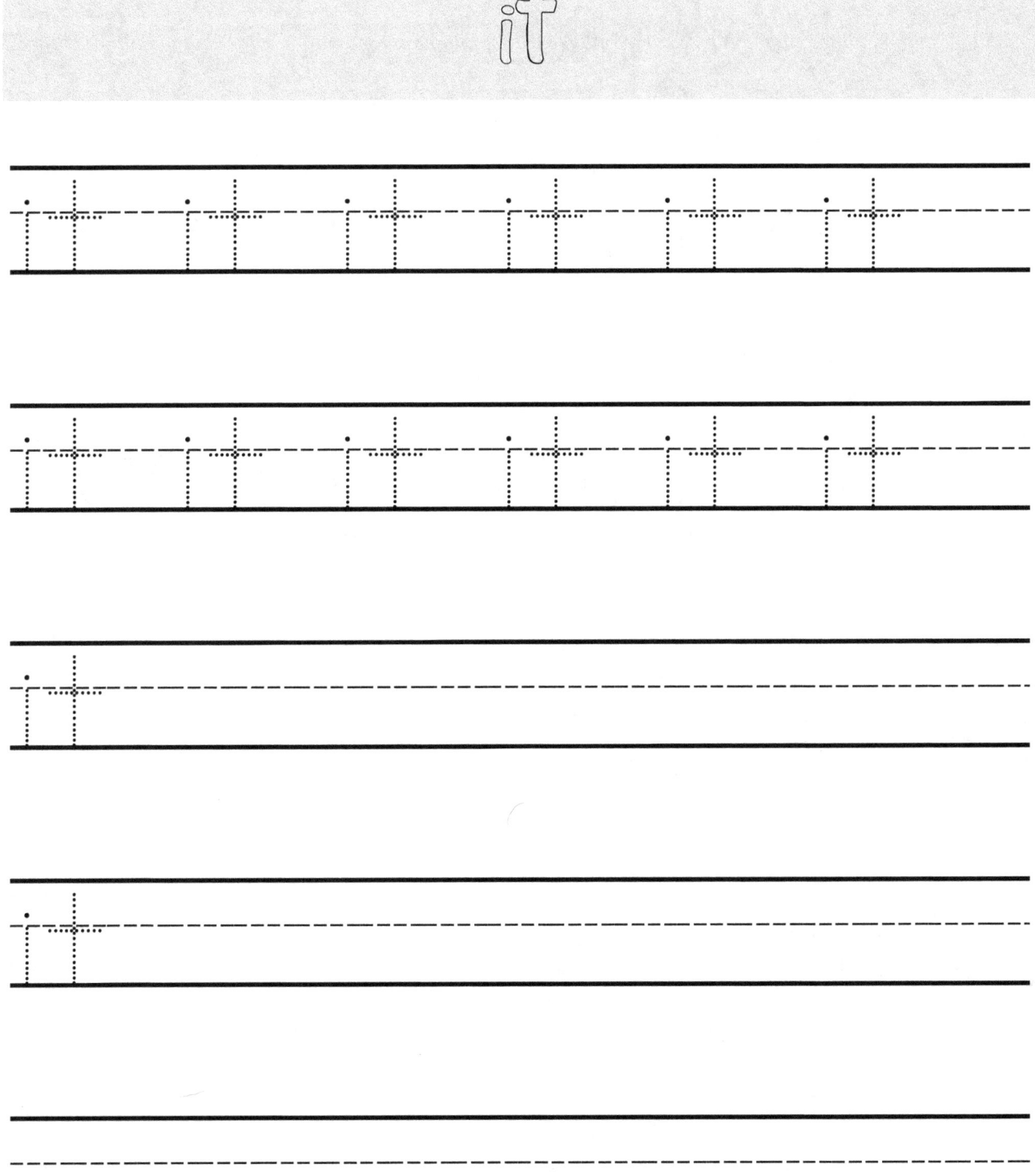

SIGHT WORDS

jump

jump jump jump

jump jump jump

jump

jump

SIGHT WORDS
little

Practice Pages!

# Practice Pages!

Practice Pages!

Practice Pages!

Tracing Fun!

S is for...

Shark

Tracing Fun!

G is for...

Goat

Tracing Fun!

R is for...

Rabbit

Tracing Fun!

X is for...

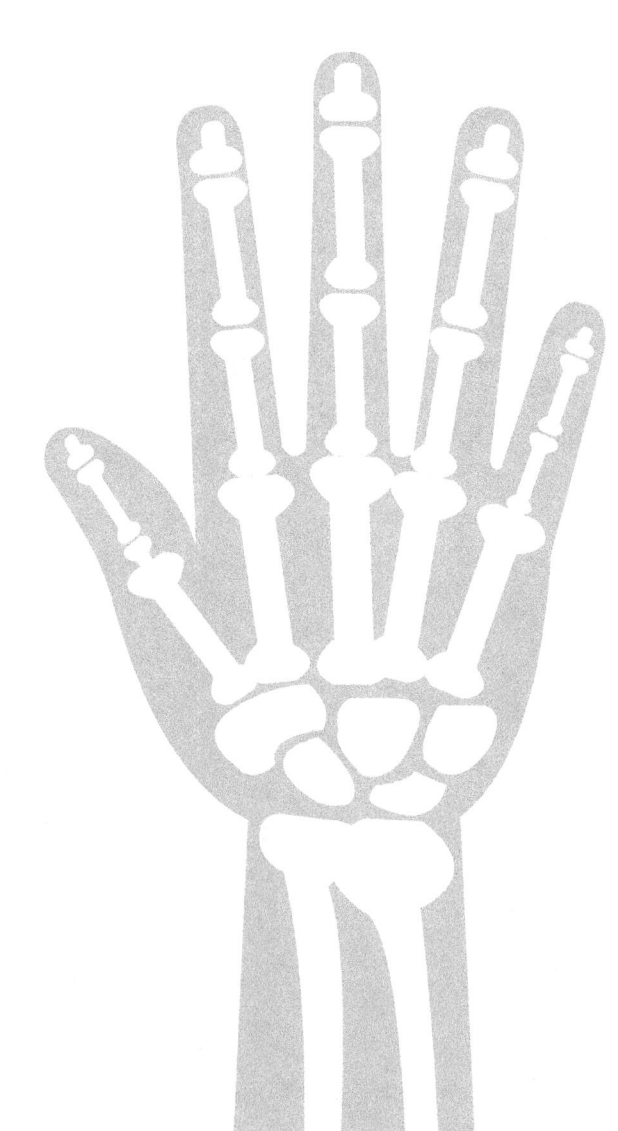

X-Ray